AVIS IMPORTANTS A MONS^R. ARNAUD,

Sur le projet d'une nouvelle Bibliotheque d'Autheurs Janſeniſtes.

MONSIEUR,

L'Occaſion qui ſe preſente de vous écrire m'a fait prendre la plume de vous mander ce qui ſe paſſe icy au ſujet de la nouvelle Bibliotheque de nos Auteurs, qu'on m'a aſſuré eſtre ſous la preſſe. J'ay vû depuis peu entre les mains d'une perſonne qui ne nous aime point une lettre que vous avez écrite à un Libraire de Hollande, auquel vous avez confié le ſecret de cette importante affaire. J'y ay reconnu voſtre caractere, & il eſt à craindre que ſi elle vient juſques à vos ennemis qui ont voulu vous faire paſſer pour un broüillon & pour un ſeditieux, ils n'en tirent de grands avantages. Ils y verront que depuis ſix ou ſept ans vous cherchez de tous côtez dans la Hollande un Imprimeur qui veuille entreprendre l'impreſſion de cinq ou ſix Volumes *in folio*, ſur les matieres de la Grace & ſur la Morale. Ne diront-ils pas qu'il ſemble que vous ne ſoyez né que pour broüiller l'Eſtat & la Religion pendant toute voſtre vie. Voicy, Monſieur, ce que vous écrivez à ce Libraire, qui ſe diſpoſoit à un voyage de Paris. *Nous apprenons que Mademoiſelle Schippers ſe diſpoſe à vendre ſon fond : ce qui nous fait croire qu'elle penſe à quitter ſon commerce & à vivre en repos, & qu'ainſi elle ne continuera plus dans le deſſein qu'elle avoit pris d'imprimer en cinq ou ſix Volumes* in folio *le Recueil des plus beaux Ouvra-* Lettre de Mr. Arnaud, 11 Mars 1686. en original.

ges de ce temps touchant la Grace & la Morale, dont la moitié qui regarde la Grace est déja toute preste à imprimer, & l'autre le sera quand on voudra. Il n'y a point de Bibliotheque en Europe où on ne voulût avoir ces Livres-là, & on a acheté à Paris six ou sept cens francs ce qu'on pourroit donner alors pour vingt écus. Voyez, Monsieur, si vous aviez quelque pensée d'entreprendre ce travail: mais quelque resolution que vous preniez sur cela, je vous supplie de n'en parler qu'à Mr. Nicole, & si quelques raisons vous empêchent d'y penser, de ne dire à personne que l'on vous l'ait proposé. Je suis, Monsieur, vostre tres humble & tres obeïssant serviteur, A. A.

Il est fâcheux que le nom de Monsr. Nicole soit dans vostre lettre; car l'on ne manquera pas de dire qu'il a toujours continué d'avoir des intelligences secretes avec vous, & d'avoir même travaillé à ce nouvel Ouvrage. Monsr. l'Archevêque de Paris auroit alors raison de luy reprocher qu'il n'a pas tenu la parole qu'il luy a donnée, de ne se mêler jamais de quoy que ce soit qui regarde le Jansenisme. Il n'y a pas même long temps qu'il fut obligé d'aller à l'Archevêché rendre raison de sa conduite pour une action de charité. On l'accusoit de tenir chez luy des assemblées de Dames & d'autres personnes de qualité, pour assister nos amis de Mons, qui ont souffert de grandes pertes dans le siege de cette ville. Nos ennemis traiterent de cabale ces assemblées: Ils dirent que ces cueillettes particulieres & affectées à de certaines gens sans la permission du Magistrat ne pouvoient estre faites que par des gens de parti. Cela n'a point eu de suite; mais il n'en sera par de même de nostre nouvelle Bibliotheque, le Roy ne voulant point absolument qu'on reveille ces sortes de questions.

Nostre malheur est, que ce sage Prince qui s'applique avec tous les soins possibles à conserver la paix dans son Royaume, est furieusement prevenu contre nous. Il ne revient point du sentiment où il a toûjours

jours esté, qu'il n'y a gueres de difference entre un Calviniste & un Janseniste. Ne dites point, Monsieur, que le Roy n'a plus cette pensée de nous; que cela estoit bon dans sa jeunesse, où on luy avoit fait entendre que les Jansenistes estoient de grands *frondeurs*. Je puis vous assurer que Sa Majesté est toûjours dans la même pensée à nostre égard: elle croit que si on levoit quelque nouveau regiment Corinthien dans le Royaume, il seroit composé de Jansenistes. Peut-estre ne sçavez-vous pas ce qui s'est passé à la prise de Mons. La ville ne se fut pas plûtost renduë au Roy, qu'il recommanda fortement à Monsieur de Louvois de faire une recherche exacte des écrits du Pere Fauconnier touchant la Grace efficace, qu'il croyoit estre entre les mains des Peres de l'Oratoire de cette ville. Ce qui surprit fort ces bons Peres, qui n'en avoient point entendu parler. Ils témoignerent qu'ils n'avoient garde d'estre chargez de l'impression de ce Livre puis qu'il n'y avoit chez eux aucun Imprimeur. Cette action du Roy fait bien voir, qu'il regarde toûjours d'un mauvais œil nos opinions sur les matieres de la Grace, & comme capables de causer de nouveaux desordres dans ses Estats.

Il faut que je vous avoüe qu'il y a eu bien peu de discretion parmy les nôtres sur cette affaire du Pere Fauconnier. Il y avoit pour le moins quinze ans qu'il travailloit à une Theologie purement Augustinienne, s'estant retiré en partie pour cela dans la maison de Nôtre Dame des Vertus, pour estre dans le voisinage de Paris: ayant enseigné long temps la Theologie chez les Peres de l'Oratoire, & estant homme d'une grande lecture, il a recueilli les témoignages d'une infinité de bons Auteurs en faveur de la Grace efficace. L'Ouvrage qui devoit contenir trois Volumes *in folio*, estoit déja sous la presse, comme un des nostres, qui est, ce me semble, Monsr. Gerard Chanoine de Beauvais, alla dire à quelques uns de nos amis, qu'on imprimoit un excellent livre Latin sur la

Grace efficace, dont l'Auteur estoit mort depuis peu de jours dans le voisinage de Paris. Mr. l'Archevêque de Paris en ayant esté averti voulut sçavoir des principaux Peres de l'Oratoire le fond de cette affaire ; il leur demanda les écrits du Pere pour les examiner : mais ils n'estoient pas en leur pouvoir, parce que nous avions pris toutes nos mesures là-dessus, ne voulant pas que cette impression se fît de leur participation.

Cela n'a pas laissé que de faire du bruit dans le monde ; quelques mal-intentionnez ont publié que nous estions des gens de party & de cabale, puisque nous faisions imprimer en cachette l'Ouvrage d'un homme de communauté aprés sa mort, & sans que sa communauté y eût aucune part. Ils disent de plus que Monsieur l'Archevêque de Paris s'est offert, si on vouloit luy remettre l'original, de le donner à lire à des Docteurs Thomistes ; & que s'il ny avoit que le pur *Thomisme*, il se chargeoit luy-même d'en faire obtenir le privilege : mais nous avons bien fait de ne pas consentir à sa proposition ; parce qu'on auroit supprimé une partie de cet Ouvrage. L'Auteur y refute solidement le Pere Thomassin, le P. Porc, & plusieurs autres Peres de l'Oratoire, qui ont abandonné lâchement la doctrine de nostre grand maistre S. Augustin. Il est à propos de garder exactement l'original du P. Fauconnier : car les Jesuites ne manqueront pas de publier que nous sommes des gens de mauvaise foy, & que nous nous servons du nom de ce Pere pour donner plus d'autorité à nos sentimens.

Si cet Ouvrage paroist, comme nous l'esperons, en même temps que la nouvelle Bibliotheque de nos Auteurs sur la Grace, il nous sera d'un grand secours pour fermer la bouche à nos ennemis, & même pour faire revenir plusieurs personnes qui nous quittent tous les jours. Il faut que vous sachiez que ce n'est point l'amour de la verité qui nous conserve, tant dans Paris que dans les Provinces, un si grand nombre de personnes attachées à nos interests : c'est la haine

haine qu'on a communement pour les Jesuites. Ce corps est devenu si puissant, qu'on seroit bien aise de le voir humilié. Il est, dit-on, bien plus d'Anti-Jesuites que de Jansenistes. J'aurois esté d'avis, Monsieur, pour cette raison que vous eussiez commencé l'impression de vostre Nouvelle Bibliotheque par les Livres qui traittent de la Morale. Ils seront reçus generalement de tout le monde avec applaudissement, au lieu que les matieres de la Grace estant difficiles à entendre elles donneront lieu à des disputes qui ne finiront jamais.

Les affaires sont presentement dans un autre estat, qu'elles n'estoient lorsque nous avons remporté de si grands avantages sur les Jesuites. Il s'est élevé un tiers parti qui condamne également les Jesuites & les disciples de S. Augustin, les premiers, disent-ils, n'ayant point voulu abandonner ce Pere en aucune maniere, ont defendu une cause qui n'est pas soûtenable d'elle-même : les autres se sont entestez mal à propos de l'autorité d'un seul Pere & de quelques-uns de ses disciples contre l'ancienne tradition & la creance même de toutes les Eglises du monde. L'on m'a même assuré qu'il y a un parti formé dans Paris contre la doctrine de S. Augustin pour la combattre aux endroits où il ne convient point avec les autres Peres. Il est absolument necessaire que vous preveniez fortement cette objection dans les Notes que vous ajoûtez à la Nouvelle Bibliotheque. Ils nous blâment d'avoir avancé dans plusieurs Ouvrages, que la tradition nous est favorable. J'ay lû depuis peu en manuscrit un petit Livre qu'on attribue à Monsr. de Launoy, où sans hesiter l'on fait passer S. Augustin pour un Novateur.

Ce tiers parti qui pourroit bien causer un jour nôtre ruïne pretend que si les Jesuites avoient suivi le Pere Sirmond, qui vouloit qu'on se servît de l'autorité des Peres Grecs contre S. Augustin, qui n'a jamais eu, disoit-il, le temps ni même la capacité d'examiner avec application les faits dont il s'agit, nous n'aurions pû tenir ferme devant eux. On assure que le P. Morin de l'Oratoire estoit aussi de ce sentiment, & qu'il nous traittoit d'ignorans qui n'ayant lû que deux ou trois livres voulions faire la loy à toute l'Eglise. Oserois-je vous dire qu'il se trouve icy des gens qui ne font aucune difficulté de publier, qu'il est tres dangereux de mettre entre nos mains la defense de la Religion contre les Heretiques. Un de ses gens-là me disoit il y a quelque temps, je voudrois bien sçavoir comment Monsr. Arnaud & Monsr. Nicole, qui sont les auteurs de ces trois gros Volumes *de la perpetuité de la Foy*, auroient pû répondre à Monsr. Claude, s'il s'estoit avisé de faire venir du Levant des attestations sur la Grace efficace des Jansenistes. Il supposoit comme une verité constante, que les Eglises d'Orient n'ayant pas assez lû S. Augustin & ses disciples, pour distinguer ses sentimens d'avec ceux des Manichéens, les auroient condamnez comme Heretiques. Il ne falloit pas, ajoûtoit-il, s'opposer à toute l'antiquité, comme a fait ce Pere, pour combatre Pelage & ses sectateurs. Cela ne fit que rendre les Pelagiens plus obstinez, voyant que leur grand adversaire ne les avoit pû condamner, qu'il ne condamnât en même temps toute l'ancienne tradition. Cet homme pretendoit qu'il y avoit un milieu à garder entre les sentimens de S. Augustin & ceux de Pelage; que ce milieu, qui se trouve dans tous les Peres depuis les Apostres jusques à ce saint Evêque, est le veritable parti que les bons Catholiques doivent embrasser.

Vous ne sçauriez croire quelle impression ce nouveau dogme a fait sur l'esprit de plusieurs personnes qui avoient fait paroître cy-devant un grand zele pour la doctrine de S. Augustin. C'est ce qui a éloigné de nous les plus habiles gens qui soient presentement chez les Chanoines Reguliers de la Congregation de France. Ceux mêmes qui nous ont autrefois rendu de de tres bons offices auprés de Mr. d'Alet & de Mr. de Pamiers, ne font aujourd'huy aucune difficulté de témoigner à leurs amis, qu'ils demandent sans cesse pardon à Dieu des fautes qu'ils ont commises lors qu'ils ont détourné ces bons Evêques de signer le Formulaire qui a fait tant de bruit, y estant portez d'eux-mêmes pour le bien de la paix. Nous sommes, disent-ils, entrez jeunes dans une Congregation où l'on ne parloit que de S. Augustin. Nous lisions exactement toutes les feuilles volantes que Messieurs de Port Royal publioient contre les Jesuites: Nous avions joint à cela l'*Augustinus* de l'Evêque d'Ypres, qui fait un cinquiéme Evangeliste de S. Augustin. Mais nous ne nous sommes pas plûtost appliquez à la lecture des anciens Peres, que nous sommes revenus de nostre entestement.

Il est vray que nous avons toûjours de bons amis parmi ces Religieux; mais ils ne sont pas les maîtres. Le Pere Morin qui vient d'estre deposé de son Generalat, & ses assistans nous estoient fort contraires. Nostre party a esté assez puissant dans ce corps, pour faire élire un autre General en sa place. Il a même trouvé les moyens d'exclure des premieres charges ceux qui avoient abandonné S. Augustin, pour suivre les Peres Grecs, en les faisant passer pour des Sociniens. Il est bon que vous soyez informé de ce qui se passe presentement dans leur Chapitre general, qui se tient dans leur Maison de Sainte Geneviéve, parce que cela regarde nos affaires. L'accusation du Socinianisme estant trop odieuse, il a falu user de ruse: l'on a representé à Mr. l'Archevêque de Paris que le General estoit un homme mol qui souffroit de grands desordres dans sa congregation sans y remedier, que les Jansenistes y enseignoient impunement leurs sentimens; & ce qui estoit encore plus fâcheux, que le Socinianisme commençoit à s'y répandre: on a même nommé ces Sociniens, & l'on a fait mention de certaines Theses soûtenuës dans une de leurs maisons, où l'on donnoit une grande atteinte au peché originel, & où il y a quelques autres positions qui ne sont defenduës que par les Arminiens & par les Sociniens. Ces Theses avoient esté luës & approuvées par un des Visiteurs: on avoit de plus écrit à la Cour plusieurs lettres en conformité de ce que je viens de vous dire.

Monsieur de Paris qui a crû qu'il estoit de son devoir de mettre la paix dans cette Communauté, les a fait avertir, comme ils estoient prests de s'assembler, de ne point tenir leur Chapitre, qu'il ne leur eût parlé. Les principaux de la Congregation l'estant allé trouver sans leur General qui est fort malade, il leur a declaré qu'y ayant deux partis chez eux, sçavoir de Jansenistes & de gens qu'on accusoit de Socinianisme, il leur conseilloit de ne mettre dans les premieres charges aucun qui fut soupçonné d'être de party: il leur a même designé en particulier leur General qui, pour avoir fait paroître trop de foiblesse, devoit non seulement n'estre point continué dans son Generalat, mais même n'estre point admis dans les charges d'Assistant & de Visiteur. En effet, cela vient de s'executer dans l'élection qu'on a faite d'un nouveau General. Mr. l'Abbé Cheron Official de l'Archevêché, a esté present à leur Chapitre comme moderateur de la part de Mr. l'Archevêque, & l'on ne doute point qu'ils n'executent le reste selon qu'il leur a esté prescrit.

On m'a assuré, que nos amis avoient eu le dessus dans cette affaire. Un des Visiteurs de cette Congregation, lequel s'estoit declaré fortement contre la doctrine de S. Augustin en faveur des Peres Grecs, est exclus par ce moyen de toutes les hautes charges. Ce Religieux qui a du merite & qui estoit autrefois si fort affectionné à nos interests, a composé en François une Paraphrase de l'Epître aux Romains, où il ne s'éloigne pas seulement de S. Augustin, mais il pretend qu'il n'est nullement parlé de la predestination & de la reprobation dans cette Epître. L'on a em-

empêché qu'il ne publiast la Paraphrâse. Je crois même que cet Ouvrage a esté une des plus fortes raisons qu'on ait eues pour l'accuser de Socinianisme : quoy qu'il en soit, tout ce détail montre évidemment que les affaires ne sont point aujourd'huy dans la même situation qu'elles estoient lors que nous avons écrit contre les Jesuites. C'est pourquoy il est d'une necessité absoluë d'ajouter de nouvelles pieces à la Bibliotheque de nos Auteurs pour destruire ce party.

Il est à craindre qu'il n'arrive à nos anciens Ouvrages, lors qu'ils paroîtront de nouveau, ce qui est arrivé à ceux d'Aurelius, dont bien des gens ne parlent presentement qu'avec mépris. Vous sçavez l'estime que nous en avons toûjours fait : nous ne croyions pas qu'il y eût dans l'Eglise un plus habile Theologien que celuy qui en est l'auteur : sa reputation estoit alors si grande, que le Clergé de France fit imprimer ce gros Livre à ses dépens. Nous avions en ce temps-là presque tout ce qu'il y avoit d'habiles gens de nostre costé contre le Pere Sirmond : les choses ont bien changé de face depuis. Il semble qu'on ne parle plus d'Aurelius, que pour le refuter ; & il se trouve même icy des personnes qui disent qu'on le doit conserver dans les Bibliotheques, pour servir à la posterité d'une preuve manifeste de l'ignorance ou plûtost de l'entêtement des Jansenistes. Il nous est d'une grande importance de ruiner dans la nouvelle Bibliotheque ce tiers parti, qui condamne également les Jesuites & les disciples de S. Augustin.

Je suis fort trompé si nous ne perdons à l'avenir ce qui nous reste de bons amis chez les Chanoines Reguliers. La Cour s'estant une fois meslée de leurs affaires par l'ouverture qu'ils luy ont donnée, elle continuera de le faire dans le Chapitre prochain. Monsieur de Paris, qui sera authorisé du Roy, ne manquera point de leur donner à l'avenir un Abbé, & de leur marquer les personnes qu'il jugera capables d'estre dans les premieres places. Par ce moyen les disciples de S. Augustin, qui sont encore les plus forts dans cette Congregation, seront humiliez. Ils seront bannis des grands emplois sans qu'ils osent rien dire ; en un mot, ils deviendront comme les Peres de l'Oratoire, qui n'ont presque personne chez eux qui soit distingué du commun. Ce corps qui estoit autrefois si zelé pour la bonne doctrine, est maintenant tout devoüé aux Jesuites : le petit nombre d'élus qui reste est relegué dans des lieux fort éloignez de Paris ; leur General, qui a fait paroître en bien des occasions trop de fermeté, a eu ordre depuis peu de jours de se retirer dans le fond de l'Auvergne, avec defense de se mêler en aucune maniere des affaires de la Congregation.

Nous avions conçû de tres grandes esperances de ce Generalat, la famille de Sainte-Marthe n'estant pas moins ennemie des Jesuites que la vôtre : mais Dieu, qui nous a voulu humilier, nous a privez entierement d'un corps qui estoit capable de faire de grands progrés dans l'Eglise. Nous regardions les Colleges que les Peres de l'Oratoire ont dans plusieurs bonnes villes du Royaume comme des moyens sûrs, pour établir nôtre doctrine dans une partie de la France : mais nos desseins n'ont point reüssi. La precipitation avec laquelle nous avons conduit cette grande affaire nous a tellement abbatus, qu'il n'y a gueres d'apparence que nous nous relevions jamais de ce costé-là. Je pense que vous estiez dans Paris quand on delibera au Conseil du Roy d'ôter à l'Oratoire les Classes de Philosophie & de Theologie, afin que cette Congregation n'eût plus d'occasion à l'avenir d'enseigner, comme ils parlent à la Cour, aucune mauvaise doctrine. L'on me dit même en ce temps-là, que si le Pere La Chaise y eût esté plus chaudement qu'il ne fit, la chose auroit esté arrêtée. Vous pouvez juger de là que le nombre des personnes qui defendent la bonne cause est bien di-

mi-

minué par l'abbaissement de ces deux Congregations.

Mais la providence Divine a fait naître en nos jours une autre Congregation qui appuye bien plus fortement nos interests. Vous voyez bien que je veux parler de la reforme des Benedictins par la Congregation de Saint Maur : elle est étenduë dans tout le Royaume où elle possede de tres grands biens : leurs jeunes Etudians sont élevez selon nos maximes. Il suffit d'estre Benedictin pour estre ennemy des Jesuites, à cause des demêlez qu'ils ont eu ensemble. Nous avons même bien sçû faire nostre profit des Livres que le Pere Hay a écrit contre eux : ils sçavent neanmoins cacher cette haine qu'ils ont pour les Peres de la Societé, leur General, & leurs Assistans, qui resident dans l'Abbaye Saint Germain des Prés, rendant quelquefois des visites au Pere de la Chaise, & par là ils gaignent ce bon Pere. Ils font aussi leur cour à Monsr. l'Archevêque de Paris, bien qu'ils ayent un protecteur qui luy est fort opposé. Si le Pere de Sainte Marthe avoit sçu pratiquer ces petits ménagemens, qui ne coutent rien, il n'auroit pas mis sa Congregation dans l'estat où elle est presentement.

Il sera bon, Monsieur, de loüer dans la Nouvelle Bibliotheque les Ouvrages que les Peres Benedictins donnent tous les jours au public, parce qu'ils copient souvent les nostres, & que tous leurs desseins tendent à élever nostre doctrine en abaissant autant qu'ils peuvent celle des Jesuites. Je ne sçais si vous avez lû le nouveau Traitté des Etudes Monastiques du Pere Mabillon. Il a pris un grand soin d'y faire valoir les Livres qui ont esté composez par les nostres, & d'en recommander la lecture aux jeunes Moines de sa Congregation. La Theologie Scolastique ayant apporté du changement dans les derniers siecles aux veritables sentimens de S. Augustin, qu'on n'enseignoit presque plus dans les Ecoles, il n'a rien oublié pour la decrier : On a, dit-il, inseré dans cette

Mabill. Estudes Monast. part. 2. chap. 6. Theologie des raisonnemens *qui sont quelquefois pitoyables, pueriles & indignes de la gravité de nostre sainte Religion : on s'est même écarté quelquefois de la tradition en voulant trop philosopher & en negligeant l'estude des anciens Peres. Tel passoit pour habile homme lors qu'il pouvoit estre bon Sophiste. Il n'est pas concevable en combien d'erreurs ces Theologiens sont tombez.*

Il ne traitte pas mieux les Casuistes criant encore plus fortement contre eux que contre les Scolastiques. Comme ce Livre ne paroîtra peut-estre pas si tost dans le lieu où vous estes, je vous envoye un extrait de ce qu'il dit de ces Casuistes, & où il ne fait que repeter ce que nous avons objecté tant de fois Ib. ch. 7. aux Jesuites : *bien loin donc que l'étude des Casuistes soit un bon moyen pour apprendre la morale Chrestienne, il n'y a presque rien au contraire de plus dangereux que de les lire tous indifferemment, & on se met en danger de se gâter l'esprit & le cœur si on ne sçait distinguer les bons d'avec les mauvais. Il y a beaucoup plus de profit à lire les Offices de Ciceron, qu'à étudier certains Casuistes. Y eût-il une regle plus juste dans ces Casuistes en matiere de probabilité que celle* Cicer. lib. 1. de Offic. *de Ciceron, qui est de se garder de toutes les choses dont on est en doute si elles sont justes ou fausses.* Il est aisé de juger que par ces mauvais Casuistes il indique les Jesuites : la suite même de son discours le montre évidemment, lors qu'il fait parler Monsr. Godeau dans l'Epître que ce Prelat a mise au devant de sa version du Nouveau Testament. Car il est hors de doute qu'il a attaqué en ce lieu là les Casuistes des Jesuites.

Nous ne sçaurions crier assez contre les Scolastiques & les Casuistes, vous sçavez que cela nous a tres-bien reüssi dans les commencemens. Les gros Livres de Suarés & de Vasqués, & de quelques autres Jesuites, vinrent à un si vil prix à cause du mépris que nous en avions fait, qu'on ne les regardoit plus : mais les choses ont changé depuis quelque temps : je vois qu'ils qu'ils sont presentement recherchez, parce qu'on y trouve une Theologie complete & assez bien appuyée, sur tout dans Vasqués, qui avoit lû les anciens Peres : la faute que nous avons faite est de n'avoir pas donné au public un corps de Theologie, pour opposer à ces Jesuites & au Pere Petau. Nous nous sommes flattez pendant quelque temps, que le Pere Desmarest, qui a employé plusieurs années à cela, effaceroit tous les Theologiens des Jesuites ; mais ce grand dessein n'a point reüssi. De plus quelque effort que nous ayons fait pour ruiner le Livre de Sanchés *de Matrimonio*, les plus habiles gens, même parmy nous, le lisent plus qu'aucun autre Casuiste, & ils en parlent avec estime, parce que ce Jesuite possedoit parfaitement le droit Canonique dont il avoit fait une étude particuliere.

On revient tous les jours des prejugez que nos petits Livres François avoient laissez dans l'esprit de plusieurs personnes. Un homme qui n'est pas de nos ennemis me disoit il y a peu de temps, qu'avant qu'il fût peu d'années les Livres de Messrs. de Port Royal seroient tout à fait dans l'oubly. Il ne sçavoit pas que vous travailliez à les faire revivre dans vôtre Nouvelle Bibliotheque : mais aprés tout, il me semble que la plus part estant sur la controverse, & estant écrits en François, ils n'iront pas bien loin. Les Controverses, principalement sur des matieres aussi abstraites, que sont celles qui regardent la Grace & la Predestination, ne sont plus à la mode. Quand il y aura d'autres gens que des Jesuites qui entreront en dispute avec nous, on les écoutera : il y aura tout à craindre alors pour la doctrine de S. Augustin.

Ce qu'il y a encore de plus fâcheux pour nous, c'est que nous n'avons pas assez pensé de quelle importance il estoit pour établir nos opinions, de composer une nouvelle Histoire Ecclesiastique : car à vous dire la verité, c'est bien peu de chose que l'Histoire Ecclesiastique de Monsr. Godeau, qui n'est pas quelquefois bon traducteur des Auteurs Latins qu'il copie : Il est si peu exact dans la Geographie, qu'il confond ordinairement Toul & Tulles, qui sont neanmoins deux villes bien éloignées l'une de l'autre. L'Ouvrage de Monsr. de Tillemont, que nous avons tant vanté, n'est point un corps d'Histoire Ecclesiastique : ce sont des Actes tant bons que mauvais joints ensemble, *Scopa dissoluta*, tout cela fait dire à ceux qui nous connoissent à fond, qu'il est impossible que nous subsistions long temps dans le monde, parce que nous n'avons rien produit qui puisse estre de durée. Vostre nouvelle Bibliotheque n'estant qu'un recueil de pieces de cette nature, elle n'aura pas apparemment un autre sort.

Je ne vois que les Benedictins de la Congregation de Saint Maur, qui soient capables de conserver à la posterité nos bons sentimens ; car outre que cette Communauté ne manquera jamais, ils ont pris la veritable voye de rendre leurs Ouvrages immortels. Le succés qu'ils ont eu dans leur nouvelle Edition de S. Augustin les a fait penser à donner la plus part des autres Peres, au moins les principaux tant Grecs que Latins. Ils songeoient aussi à donner une nouvelle Edition des Conciles avec des Notes qui nous auroient esté favorables, principalement sur les Conciles d'Afrique. Monsr. l'Archevêque de Rheims en parla il y a quelques années au Pere Mabillon, qui avoit accepté sa proposition avec quelques autres de ses Confreres ; mais les Jesuites, qui sçavoient de quelle importance estoit cette affaire, ne perdirent point de temps. Ils en parlerent à Monsieur de Paris, qui les a chargé de cette édition. Le Pere Hardouïn, qui y travaille, est rempli de grandes idées : je ne sçais quand il les produira au dehors.

Il faut avoüer cependant que ceux qui connoissent à fond les Benedictins doutent qu'ils soient capables de toutes ces entreprises : ils disent, que si leur S. Augustin a eu un grand cours, ils nous en sont obli-

obligez ; que leur S. Ambroise ne se vend point ; que l'essay qu'ils ont publié de leur S. Hierôme est plein de fautes ; ceux qui sont chargez de cette Edition n'ayant jamais lû les Ouvrages de ce Pere, & n'ayant qu'une connoissance tres mediocre de la langue Ebraïque. Pour ce qui est des Peres Grecs, ces Moines ont fait courir la premiere feuille de S. Athanase, où l'on a trouvé à redire dés la premiere periode qui estoit mal traduite. Peut-être eût-il esté plus à propos de suivre la version de Nannius, qui a tres bien entendu les deux Langues, & de ne la corriger qu'aux lieux où elle approche trop de la Paraphrase. Il n'y avoit aucune necessité de la refondre entierement.

Ceux qui n'aiment pas la multiplication des Livres estoient d'avis que ces Religieux ne publiassent sur les Peres, que ce qu'ils avoient de particulier, & qu'ils en fissent une espece de *Spicilegium*, ajoûtant des Notes Critiques aux endroits où leurs manuscrits leur fournissoient des diverses leçons qui meritoient d'estre observées. On m'a assuré qu'il y a dans Paris une personne qui lit avec soin leurs nouvelles Editions, pour en extraire ce qu'elles renferment de particulier, & le donner au public : ce qui les rendra presque inutiles. A vous dire la verité, il y a un grand nombre de fautes dans leurs Notes. Ils ne reüssissent que quand ils copient de bons Auteurs : ils auroient besoin d'estre conduits par des personnes qui fussent plus habiles qu'eux : mais quelques imperfections qu'ayent leurs Editions des Peres, nous sommes obligez de les faire valoir, parce qu'ils nous sont quelquefois favorables dans leurs Notes. Je ne doute nullement que vous ne citiez avec éloge leur S. Augustin & leur S. Ambroise dans vostre nouvelle Bibliotheque, lors que l'occasion s'en presentera.

Nous avons reçeu un peu de confusion dans la publication que le Pere Mabillon vient de faire de son Traitté des Etudes Monastiques. L'idée que nous avions

avions de sa grande erudition nous avoit engagez à loüer beaucoup ce Livre avant qu'il parût. Les Docteurs qui l'ont approuvé, & qui sont de nos bons amis, ont parlé de l'Auteur comme du plus sçavant homme qui fût dans le Royaume. Ce modeste Religieux, qui a fait imprimer luy même cette approbation, a esté un peu surpris, quand il a vû que le public jugeoit tout autrement de son Ouvrage que ces Docteurs. Les Jesuites, qui ont reconnu que ces loüanges affectées ne tendent qu'à élever les Benedictins au dessus d'eux dans tout ce qui appartient à la Theologie, n'ont point manqué de relever avec leurs amis les fautes grossieres dont ce Livre est rempli, & principalement un certain Catalogue d'Auteurs qui est à la fin. Il n'y a presque point de page où il n'y ait des bevuës qui ne se peuvent excuser. En attendant que vous ayez le Livre pour en juger, je me contente de vous rapporter celle icy qui est au titre des Peres Grecs, *S. Ephrem opera G. L. Gerardi Voss. 3 voll. Romæ.* S'il avoit seulement ouvert le S. Ephrem, il auroit vû que nous ne l'avons qu'en Latin, le Grec qui n'a esté jamais imprimé ne se trouvant que dans les bonnes Bibliotheques.

Quoy que cette faute & une infinité d'autres ne soient pas pardonnables, il y en a une dans le corps du Livre d'une bien plus grande importance, & qui est capable de faire revivre la calomnie du Sieur Jurieu, qui a eu l'impudence de nous accuser de Socinianisme dans *la Politique du Clergé de France.* Ce Pere a fait dans toutes les formes l'éloge des *Institutions Theologiques* d'Episcopius, où le Socinianisme, comme vous sçavez, est authorisé. Monsr. Nicole n'eût pas plûtost appris ce bel éloge, qu'il recommanda fortement, qu'on en donna avis à l'Auteur, afin de l'ôter : mais il n'y avoit plus de remede, le Livre estoit publié. Plusieurs jeunes Abbés avoient déja demandé à quelques Libraires de Paris avec bien de l'empressement les Ouvrages de cet Arminien,

dont

dont le Pere Mabillon conseilloit si expressément la lecture, c'est un grand bonheur que les Libraires n'en ayent aucun exemplaire, n'y ayant point de Theologien qui soit si fort opposé à la doctrine de S. Augustin, & même à celle de toute l'Eglise qu'Episcopius, qui a même introduit dans son parti la tolerance des Religions.

Voicy, Monsieur, l'extrait de ce Pere : *Je ne sçaurois m'empêcher de dire icy, que si l'on avoit retranché quelques endroits des Instructions Theologiques d'Episcopius, dont Grotius faisoit tant de cas, qu'il les portoit par tout avec luy, on s'en pourroit servir utilement pour la Theologie. Cet Ouvrage est divisé en quatre Livres, dont l'ordre est tout different de celuy qui est communement en usage. Le stile en est beau; la maniere de traitter les choses répond fort bien au stile, & on ne perdroit pas son temps à le lire si on l'avoit purgé de quelques endroits où il parle contre les Catholiques, ou en faveur de sa Secte.* Quelle purgation, je vous prie, peut-on faire d'un Auteur qui met en doute les mysteres de la Trinité & de l'Incarnation, ne jugeant pas que la creance de ces mysteres soit necessaire au salut, parce qu'on ne les trouve pas selon luy clairement dans l'Ecriture. Il fait le même jugement de nos autres mysteres : d'où il conclut, qu'on n'a aucune raison de rejetter de sa Communion les Sociniens.

Le Pere Mabillon seroit plus excusable s'il n'avoit pas lû le Livre d'Episcopius : mais il a témoigné luy même qu'il l'avoit emprunté du Bibliothecaire de Monsr. l'Archevêque de Rheims, & qu'il l'a gardé plus de deux mois. L'éloge qu'en a fait Grotius l'a apparemment trompé, n'ayant point pris garde que l'un & l'autre sont Arminiens, & qu'ils ont même souffert beaucoup du costé des Calvinistes leurs persecuteurs. J'aurois souhaité, Monsieur, que vous n'eussiez pas marqué tant d'estime pour Grotius ; car la lecture de ses Livres est capable de nous détruire.

Il eſt vray que les Arminiens vous ont eſté d'un tres grand uſage pour la compoſition du *Renverſement de la Morale* par les Calviniſtes ; mais cela ne vous doit point empêcher d'inſerer quelque mot dans la nouvelle Bibliotheque, qui faſſe connoître aux noſtres, que la lecture de Grotius eſt tres dangereuſe. Sçavez-vous que Monſr. Faure, le plus habile & le plus judicieux Theologien que nous ayons eu dans nos intereſts, eſtoit d'avis de proſcrire entierement cét Auteur dans une occaſion qui ſe preſenta.

L'Edit de Nantes ayant eſté revoqué, & par conſequent le Calviniſme eſtant entierement aboli en France, l'on trouva bon de publier un Catalogue des Livres Heretiques dont on defendoit l'entrée dans Paris, & aux Libraires de les garder, ou mettre en vente. Cela fut executé conformement aux ordres de Monſr. l'Archevêque & de Monſr. le Procureur General. Monſr. Faure, qui eſtoit amy du dernier, ayant eſté employé à dreſſer ce Catalogue, y avoit mis Grotius tout ennemy qu'il eſt des Calviniſtes : les Libraires ont bien eu de la peine à le ſauver. L'experience doit nous apprendre qu'il eſt de noſtre intereſt de le décrier : car c'eſt par ſon moyen que le Pelagianiſme, ou, comme la plus part des noſtres parlent preſentement, le Socinianiſme, s'eſt introduit dans la Congregation des Chanoines Reguliers de S. Auguſtin. Ceux qui en font profeſſion ne ſe cachent point. Il y en a même un d'eux lequel eſt d'une pieté exemplaire, qui lit avec application les Peres Grecs pour les oppoſer à S. Auguſtin qu'il a lû autrefois exactement. Ce Religieux, qui a eſté cy-devant fort attaché à nos ſentimens, eſt devenu nôtre ennemy ; il témoigne à ſes amis que la lecture de Grotius a commencé à luy ouvrir les yeux : Il faut, dit-il quelquefois, que le party de Monſr. Arnaud ſoit bien enteſté pour ſoûtenir avec tant d'opiniatreté les opinions de S. Auguſtin, qui ne ſont plus defenduës qu'à Geneve & dans quelque coin des Païs-bas.

Il

Il n'est pas le seul de sa communauté qui parle de cette maniere : plusieurs y dogmatizent ; & il y en a quelques uns qui lisent en particulier les Oeuvres de Courcelles, qui renferment en abregé la Theologie d'Arminius, & une bonne partie de celle des Sociniens. Il est bien à craindre que les loüanges excessives que le Pere Mabillon a données aux Institutions Theologiques d'Episcopius ne fasse naître l'envie à quelques Benedictins de chercher ses Ouvrages, ou d'avoir la Theologie de Courcelles. Jugez quel effet cela pourra faire dans ce grand corps, qui est le seul qui nous reste. Je ne vous parle point des jeunes Abbés, & des autres jeunes gens qui étudient la Theologie : il est vray que la plus part lisent avec plaisir les livres que vous publiez tous les jours contre les Jesuites parce qu'ils ne les aiment point, & que la plus part ne reçoivent point d'eux ce qu'ils en avoient esperé. Croyez moy, quand ils verront ces gros Ouvrages *in folio* sur la Grace, qui feront la meilleure partie de nostre Bibliotheque, ils en seront rebuttez ; ils n'auront point le même effet que les petites feuilles volantes qui se vendent sous le manteau.

Quand nous avons commencé à écrire contre les Jesuites, l'on estoit fort prevenu en faveur de S. Augustin : mais les livres des Sociniens & des Arminiens, qui se sont répandus depuis ce temps-là dans Paris, ont bien changé l'estat des choses. Quelque effort que vous fassiez dans vostre Bibliotheque vous aurez de la peine à remettre les affaires dans leur premiere situation. Monsr. Dupin n'est point assurement Jesuite ; il est au contraire leur ennemi declaré ; & cependant voyez quel jugement il a fait de S. Augustin dans sa Bibliotheque : il ne paroit pas éloigné des idées de Monsr. de Launoy. D'où pensez vous que le Pere Vassor a tiré une bonne partie des Ouvrages qu'il a donnez au public : la lecture des Arminiens & des Sociniens luy a servi merveilleusement sur tout dans sa Paraphrase de l'Epître aux

Ro-

Romains. Il avoit mis à la teste de cette Paraphrase une longue Préface contre le Traitté du P. Quesnel *de la Tradition de l'Eglise Romaine sur la Predestination des Saints, & sur la Grace efficace.* Ceux qui ont lû cette Préface disent qu'elle est forte ; mais quelque instance qu'il ait fait, il n'a pû en obtenir l'approbation de Mr. Coquelin, qui craignoit qu'on ne l'attaquast personellement. Il en court des exemplaires en manuscrit dans Paris, & comme il a quitté depuis peu l'Oratoire afin d'estre plus libre, il fait sa Cour fort assiduement au Pere la Chaise, qui luy donne de grandes esperances.

Au reste, les Docteurs établis de la part de Monsieur le Chancellier pour revoir les Livres de doctrine nous sont assez favorables, principalement depuis que vous en avez attaqué nommement quelques-uns. Ils disent nettement qu'ils ne veulent point s'attirer les Jansenistes sur les bras ; mais dans le fond, ce n'est qu'un pretexte qu'ils prennent. Il est certain que les principaux sont à nous, parce qu'ils nous ont l'obligation de leur élevation. Quand l'occasion se presente de nous favoriser, ils se mettent peu en peine de tenir ferme contre Monsr. l'Archevêque de Paris & contre le Pere La Chaise, s'il arrive qu'il se mêle de ces sortes d'affaires. Ils pretendent estre les maîtres de la doctrine en fait de Theologie par ordre de la Cour. Cet ordre, qui n'est que de police, nous est d'une grande utilité, même pour l'entrée & le debit de nos livres. Monsr. le Syndic de la faculté, qui a droit de porter ses plaintes au Juge de Police, pour empêcher les Libraires de les vendre, ferme souvent les yeux : Il use au contraire de rigueur contre ceux qui ne sont pas dans nos interests, s'il trouve le moindre défaut.

Cela me donne occasion, Monsieur, de vous demander ce que vous pensez du pouvoir que ces Docteurs nommez par la Cour pour revoir les livres de Theologie ont sur tout ce qui regarde la doctrine dans

dans le Royaume. Quelques mal-intentionnez ont voulu que vous les faisiez entierement les maîtres de la doctrine au grand mépris des Evêques : les raisons qu'ils alleguent sont tirées de ce que vous avez avancé dans vostre *defense des Versions* contre Mr. Cheron Official de Paris. Il semble en effet que vous pretendiez en ce lieu-là, que les Evêques ne peuvent point empêcher dans leurs Dioceses l'impression des traductions de la Bible & des Offices de l'Eglise en langue vulgaire, lors qu'ils le jugent à propos. Vous y dites que l'usage du Royaume est tout à fait contraire, parce qu'on n'a point recours aux Evêques pour l'impression de ces sortes de livres, qu'il suffit qu'ils ayent esté approuvez par les Docteurs, & qu'on ait obtenu le privilege du Roy sur leur *visa*.

Il est vray, dit-on, que c'est là l'usage ordinaire : mais cet usage ne doit pas priver les Evêques du pouvoir qu'ils ont de droit dans leurs Dioceses, & qui leur est donné par les Conciles sur tout ce qui appartient à la doctrine. S'ils n'usent point de leur droit, c'est qu'ils veulent bien s'en rapporter aux Docteurs & il leur est toûjours libre d'en user quand il leur plaira. Estant les Inquisiteurs nés de tout ce qui se fait dans leurs Dioceses sur les matieres de la Religion. Vous n'ignorez pas ce qui s'est passé autrefois entre la faculté de Theologie & Monsieur de Gondi Evêque de Paris, à l'occasion du Jesuite Maldonat, accusé d'heresie, pour avoir enseigné publiquement qu'il n'estoit pas de foy, que la Vierge eut esté conçuë sans peché originel. L'Evêque ayant luy-même voulu juger de cette accusation malgré les oppositions des Docteurs qui se croyoient maîtres de la doctrine, declara Maldonat absous de l'heresie qu'on luy imputoit faussement. Ces Theologiens, qui estoient persuadez que le jugement de l'Evêque avoit donné atteinte à leurs privileges, s'estant assemblez au moins en 1575.
au nombre de cent, arresterent presque tous d'une voix commune, qu'il estoit de foy que la Vierge n'avoit

n'avoit point esté conçuë en peché originel. C'estoit, comme vous voyez, en quelque maniere decider que leur Evêque estoit heretique, ou au moins fauteur d'heretiques, ayant absous Maldonat, qui avoit enseigné selon eux une heresie dont il ne voulut pas se retracter. Mais ce Prelat, qui estoit parfaitement instruit de son droit, excommunia le Doyen & les autres principaux Membres de la faculté de Theologie, qui furent obligez d'avoir recours au Parlement où ils furent absous de leur excommunication *ad cautelam*.

Je ne vous ay rapporté cette histoire, que pour vous faire voir ce qu'on oppose à vos maximes qu'on pretend estre injurieuses aux Evêques dont vous tachez, dit-on, de diminuer l'authorité, pour vous mettre plus facilement à couvert de leurs censures. Quelque éclaircissement que vous ayez donné à ce fait à l'occasion de l'ordonnance de Monsr. de Perefixe contre le Nouveau Testament de Mons; la pluspart des particuliers se soumettent en cela à leurs Evêques. Monsr. l'Evêque de Sées s'estant avisé depuis peu d'années de condamner nostre Version du Nouveau Testament à la sollicitation des Jesuites, ceux qui sont les plus attachez à vos interests reçurent sa censure avec une parfaite soumission. Cependant cette Ville où Monsr. le Noir a fait de si grands fruits est remplie de gens qui soûtiennent avec vigueur la bonne cause. Les Peres Benedictins qui y possedent en tître une Abbaye, ne contribuent pas peu aussi de leur costé à faire recevoir comme des Oracles tous vos écrits. Mais il y a, je ne sçay quoy, dans les François qui les porte à recevoir sans aucune contrainte les ordres qui leur sont donnez par leurs Superieurs legitimes: ce qui fait dire à vos ennemis que les maximes qui se trouvent répanduës dans vos livres sont plus propres à des Republicains, qu'à des personnes qui sont nées dans une Monarchie. Cét homme, ajoûtent-ils en parlant de vous, feroit des mer-

merveilles dans la Chambre basse du Parlement de Londres. Il crieroit bien fort *Lex Rex*, & non pas *Rex Lex*. Il ne parle que de Canons & de Loix qu'il faut observer, & auxquelles les Puissances mêmes doivent estre soûmises.

Ce n'est pas, Monsieur, que ces gens-là ne croyent aussi bien que vous qu'on doit se conduire, principalement dans les affaires Ecclesiastiques, selon les Canons: mais ils disent, que ce n'est pas à un particulier, comme vous, à imposer la Loy à tout le monde. Ils vous permettent de proposer vos raisons dans toute leur force, mais ils veulent qu'aprés cela vous vous soûmettiez aux decisions de vos Superieurs; parce qu'autrement il n'y auroit jamais de fin aux disputes; ils pretendent que cette distinction de questions de droit & de fait à laquelle vous avez eu recours n'a aucune solidité, puis que vous devez connoître que lors qu'il s'éleve des difficultés sur les matieres de la Religion, l'Eglise a le pouvoir de les terminer: qu'il s'agisse d'un droit ou d'un fait, il n'importe. C'est assez que la chose trouble le repos public pour y apporter le remede necessaire, ce qui ne se peut faire que par une decision. Ce n'est point à nous à examiner si elle est infaillible ou non dans sa decision. Combien y a-t-il de decisions où les Conciles mêmes œcumeniques n'ont pas esté infaillibles, auxquelles neanmoins on s'est soûmis pour le bien de la paix.

L'Auteur de l'Histoire Critique des Religions du Levant semble prouver assez bien que le Nestorianisme & l'Eutychianisme ne sont que des heresies imaginaires, si on les examine selon les loix rigoureuses; parce que ceux qui font profession de ces deux sectes ne sont point veritablement dans les sentimens condamnez par les Conciles. Un Theologien, qui avoit leu cette petite Histoire, me disoit il y a peu de jours, il est de ces deux heresies comme du Jansenisme; que Monsr. Arnaud a eu raison de trait-

ter

ter de phantôme selon les regles de la Critique : mais il ne s'ensuit pas pour ce qui est de la pratique, qu'on ne soit obligé de se soûmettre à l'Eglise quand elle a une fois prononcé là-dessus ; d'où il concluoit, que vous n'estiez pas moins obligé de souscrire à la condamnation de Jansenius, l'Eglise prononçant, qu'à celle de Nestorius & d'Eutyches. Il ajoûtoit, que vous aviez vous même appuyé ce sentiment au regard des Eutychiens dans vos responces à Mr. Claude. Ce Ministre vous ayant objecté que les Eutychiens ne pouvoient pas tenir la transsubstantiation, puis qu'ils croyent que n'y ayant en Jesus-Christ que la nature Divine, il n'a point de veritable corps, vous luy avez respondu doctement, que les principaux de cette secte ont protesté dans le Concile de Calcedoine, qu'ils n'admettoient ni confusion, ni mélange, ni division de natures dans Jesus-Christ.

Ce n'est donc, continuoit ce Theologien, que par un mal-entendu que les Eutychiens ont esté condamnez dans ce Concile selon même les principes de Monsr. Arnaud. Si son Evêque ou le Pape vouloient l'obliger à souscrire à la condamnation des Eutychiens, en seroit-il quitte pour dire qu'Eutyches n'a jamais cru ce qu'on luy impute ; que les propositions condamnées dans le Concile de Calcedoine ne sont point dans le sens d'Eutyches. Je vous avoue que cette comparaison de Jansenius & d'Eutyches avec les circonstances que je viens de vous marquer, m'a embarassé ; car d'un costé je ne voulois point qu'on me crût un Eutychien, sur tout aprés que le Pape S. Leon a condamné si hautement cette heresie, qui ne peut plus par consequent passer pour un phantôme. D'autre part, je ne pouvois pas douter que le Jansenisme ne fût un veritable phantôme aprés tout ce que vous avez écrit sur cette matiere. J'eus donc recours à la Lettre de Monsr. d'Alet à Mr. de Perefixe, que vous avez inserée dans vostre phantôme du Jansenisme. Je luy dis, que bien que l'Eglise ne soit

point

point infaillible dans la decision des faits, & qu'elle n'en puisse par consequent exiger la creance par sa seule autorité, il y en a neanmoins de si évidens par toutes les circonstances qui les accompagnent qu'on ne peut raisonnablement en douter, & qu'on est obligé de les croire non en vertu de l'autorité de la decision, mais par les raisons de certitude & d'évidence qui s'y trouvent jointes.

C'est là, me répondoit un autre Theologien, un de ces lieux communs de Mr. Arnaud qui ne prouvent rien, ou qui prouvent trop: car il n'y a point d'heretiques qui ne puissent s'en servir pour authoriser leur doctrine, y en ayant tres peu qui n'ayent assez d'adresse pour reduire à des questions de fait les articles qui les separent des Catholiques. Sans sortir, me dit-il, de l'exemple des Eutychiens, je vous demande si le fait de ces Sectaires est si notoire & si evident par toutes les circonstances qui l'accompagnent qu'on ne puisse raisonnablement en douter. Je n'ay pas osé luy répondre que ce fait estoit evident, puis qu'il est aisé de montrer par les actes mêmes qui nous restent, qu'ils ont esté condamnez dans un sens qu'ils pretendent estre éloigné de leur veritable sentiment. Il en est de même, ajoûta-t-il, du fait des Nestoriens qui n'est pas si evident qu'on ne puisse raisonnablement en douter. Si l'on vouloit obliger Mr. Arnaud de souscrire à la condamnation de ces Sectaires, dira-il que l'Eglise n'est point infaillible dans la decision de ces sortes de faits, & qu'ainsi elle ne peut pas en exiger la creance par sa seule autorité. Cet homme qui est de ces gens du tiers party lesquels ont des manieres de raisonner bien differentes de celles des Jesuites, & qu'ils appuyent neanmoins toûjours sur des actes, me dit, que vous n'estiez pas de bonne foy quand vous vous mettiez à couvert de l'autorité de S. Augustin pour ne paroître pas Calviniste. Il pretend que quand une heresie a esté une fois condamnée l'on n'est plus reçeu à prouver qu'on n'est point heretique pour cette ſeule raiſon qu'on eſt conforme à quelque ancien Pere : ce qu'il montre clairement ſans ſortir de l'exemple des Neſtoriens & des Eutychiens. En effet les propres termes d'Eutyches ſe trouvent dans quelques Peres orthodoxes plus anciens que luy. S'il prenoit envie aujourd'huy à quelqu'un de ſoutenir les opinions de ce Sectaire ſur la ſeule autorité de ces anciens, on ne laiſſeroit pas que de luy faire ſon procés comme à un veritable Eutychien. Il en eſt de même de Neſtorius, juſques là qu'il y a d'anciens Auteurs tres orthodoxes, & qui ont même écrit contre ces hereſies, leſquels ont aſſuré que S. Cyrille eſt le premier qui ait parlé de l'union ſelon l'hypoſtaſe, de laquelle union l'on ne trouve rien dans les Conciles œcumeniques avant celuy d'Epheſe. Seroit-on reçeu preſentement à defendre ſous ce ſeul pretexte les ſentimens de Neſtorius? nullement; car quand une choſe a eſté une fois decidée apres un veritable examen où l'on a diſcuté les raiſons de part & d'autre, ſur tout dans un Concile general, il n'eſt plus permis aux particuliers, pour ce qui eſt de la pratique, de tenir contre la deciſion.

Remarquez bien, s'il vous plaiſt, ce terme *pour ce qui eſt de la pratique*; car ces Theologiens croyent qu'on peut examiner en ſon particulier ces ſortes de faits ſelon les regles de la critique de la maniere qu'elles ſont traittées dans l'Hiſtoire des Religions du Levant; mais que ces ſpeculations ne doivent jamais paſſer en pratique, c'eſt à dire qu'on doit eſtre toûjours ſoûmis à la definition de l'Egliſe pour le bien de la paix. Sur ce principe, qu'ils croyent bien étabi, ils diſent qu'il n'y a que des broüillons qui ſoient capables d'oppoſer l'authorité de S. Auguſtin dont il n'eſt plus queſtion preſentement, à ce qui a eſté arreſté contre les Calviniſtes & les Janſeniſtes. On n'a pas écouté Luther lors qu'il a pretendu qu'il n'avoit aucuns ſentimens particuliers ſur le libre arbitre, & qu'il n'avoit rien avancé là deſſus qu'il n'eût lû au-

para-

paravant dans S. Augustin. Melancton son apologiste n'a-t-il pas reproché avec fierté aux Theologiens de Paris qu'ils n'avoient jamais lû ce Pere, & qu'ils estoient de vrais Pelagiens. Bucer & Calvin ont tenu les mêmes discours contre les Catholiques sans qu'on y ait eu aucun égard. Il est même arrivé depuis que Melancton & ensuite tous les Lutheriens, apres avoir fait reflexion sur les propositions dures que leur Patriarche avoit debitées apres S. Augustin, les ont abandonnées entierement. Il paroît aussi des livres de Daillé & de quelques autres sçavans Calvinistes, que les plus habiles de ce party ne soutiennent plus les opinions de Calvin & de S. Augustin.

Tout cela, disent les gens du tiers party, devroit ouvrir les yeux à Monsr. Arnaud qui passera toûjours pour Calviniste, quelque effort qu'il fasse pour montrer qu'il n'a point d'autres sentimens que ceux de S. Augustin. Je leur ay demandé s'ils croyoient, que lors qu'on a condamné à Rome Jansenius, on ait eu dessein de condamner en même temps S. Augustin: à quoy ils ont répondu, que ne s'agissant nullement de ce Pere, mais seulement de l'Evêque d'Ypres, on n'avoit point pretendu faire le procés à S. Augustin; que c'estoit un usage reçû de ne point toucher aux anciens Peres qui avoient servi l'Eglise contre les heretiques de leurs temps, sans prevoir que d'autres heretiques dans la suite abuseroient de leurs paroles, comme il est arrivé aux Calvinistes & aux Jansenistes qui ont broüillé l'Estat & l'Eglise sous pretexte de suivre la doctrine de S. Augustin. Ce qui n'estoit plus de saison, pour faire voir qu'ils n'avancent rien qui ne soit bien fondé, ils donnent pour exemple S. Chrysostome, où l'on trouve au regard des deux personnes en Jesus-Christ les mêmes expressions que dans Nestorius. Or, disent-ils, si Monsr. Arnaud, qui a établi pour principe qu'en matiere de faits l'autorité de qui que ce soit ne peut empescher qu'on n'examine ce qui est dans la verité, vouloit prendre le

 par-

party des Nestoriens, sous pretexte que c'est la pure doctrine de S. Chrysostome, seroit-il écouté à Rome? N'auroit-on pas raison de luy dire, qu'il est un broüillon voulant faire revivre le Nestorianisme qui a esté condamné par un Concile general? Voila d'un costé Nestorius & S. Chrysostome, & de l'autre Jansenius & S. Augustin en parallele.

Le passage de S. Chrysostome sur lequel ils s'appuient pour montrer que ce S. Evêque tient le même langage sur les deux personnes de Jesus-Christ, que Nestorius, est pris de son Homelie 3. sur l'Epître aux Ebreux, où ce Pere fait en effet mention en termes exprés des deux personnes, *duo prosopa*. C'est ainsi qu'on lit dans les editions Greques de Verone & de Commelin. Nobilius même qui eût bien voulu corriger cet endroit qu'on jugeoit Nestorien à Rome, témoigne qu'il n'a point lû autrement dans les exemplaires MSS. qu'il a consultez. Vous sçavez que les Jesuites de Paris ont publié depuis peu deux Dissertations sur ce passage, dont l'une est en François, & l'autre en Latin, où ils accusent un de nos traducteurs d'avoir favorisé dans sa version Françoise l'heresie de Nestorius. Une de leur plus fortes preuves pour montrer que S. Chrysostome n'a jamais dit qu'il y eût deux personnes en Jesus-Christ, est que dans son Epître à Cesaire, il reconnoit expressément deux natures & une personne.

Mais ces Theologiens du tiers party qui n'ont pas plus de consideration pour les Jesuites que pour nous, ne font aucune difficulté de publier dans Paris qu'ils n'ont point raison dans ces deux Dissertations; que cependant le traducteur François ne devoit pas laisser cet endroit sans note. Ils vont même plus loin: car des paroles qui se trouvent dans l'Epître à Cesaire, ils en concluent qu'elle n'est point veritablement de S. Chrysostome, mais qu'elle a esté forgée sous le nom de ce Pere apres la condamnation de Nestorius. Il n'y a, disent ils, aucune absurdité à faire parler S. Chry-

S. Chrysostome le langage de Diodore de Tarse, de Theodore de Mopsueste, & de Nestorius, avant que ce dernier eût esté condamné. L'on ne parloit point alors autrement dans Antioche contre les Ariens & contre les Apollinaristes, pour les convaincre qu'il y avoit en Jesus-Christ deux essences ou natures veritables; car c'est ce qu'on doit entendre par ces deux personnes qui ne marquoient autre chose, sinon que Jesus-Christ est veritablement Dieu & veritablement homme, comme S. Chrysostome l'explique luy-même dans son Homelie sur l'Epitre aux Ebreux. De plus, ajoûtent-ils, les anciens qui ont cité cette Epître ne conviennent pas entre eux: car les uns la citent comme estant écrite à Cesaire, & les autres veulent qu'elle ait esté écrite à Acacius. Quoy qu'il en soit, vous pouvez juger de là, que ce tiers party qui fait profession de ne chercher que la verité independemment des Jesuites & des Jansenistes, est tres dangereux, & qu'il nous est important que vous preveniez les objections de ces nouveaux Theologiens dans vôtre recueil. On m'a assuré qu'ils travaillent à donner au public une Histoire non seulement de tout ce qui s'est passé entre eux & nous sur les matieres de la Grace, mais même une Critique de nos principaux ouvrages. Ils pretendent faire voir clair comme le jour, qu'il n'y a eu gueres de bonne foy de part & d'autre, sur tout de nôtre coste; que nous sommes plus redevables à nôtre maniere d'écrire qui a plû à tout le monde, des avantages que nous avons remportez sur les Jesuites, qu'à la force & à la verité de nos raisons. Si le Docteur Arnaud, disent-ils, avoit un grain de bonne foy soûtiendroit-il avec autant de chaleur qu'il fait contre toute l'ancienne tradition les sentimens de S. Augustin, qui estoit plus propre à faire des leçons de Rhetorique & de Dialectique, que de Theologie? Ils demandent en quel temps ce docte Pere s'est appliqué aux matieres de la Religion, pour les vouloir enseigner aux autres; il est entré dans les fonctions de la Prestrise & de l'Episcopat & même dans les disputes avec les heretiques, avant que d'avoir étudié ce qui regardoit ces emplois. Si on leur répond qu'il dit luy-même en quelque endroit, que Dieu luy a revelé ce qu'il avançoit, ils repliquent, qu'on n'est point obligé de croire à ses revelations s'il ne les appuye sur de bons actes. Le Docteur Arnaud, ajoûtent-ils, est si delicat là dessus, que même en fait d'actes, il ne veut s'en rapporter à l'authorité de qui que ce soit: ni les Peres, ni les Conciles ne sont point capables de le persuader, s'il n'est convaincu luy-même des faits par l'inspection des pieces. Or, disent-ils, nous avons encore aujourd'huy les pieces sur lesquelles S. Augustin a établi ses opinions: c'est à nous à les examiner independemment de toute authorité ce qu'on ne peut faire sans les condamner en même temps de nouveauté avec le judicieux Vincent de Lerins.

Ils sont dans cette pensée que le petit Ouvrage qui a esté composé par cet Auteur contre les heresies, & qui a esté approuvé generalement de tout le monde, n'a esté d'abord publié que pour s'opposer aux nouveautez de S. Augustin sur les matieres de la grace, de la predestination & du libre arbitre. Ils assurent qu'il y est indiqué manifestement au Chapitre 37. sous ces paroles, *Unde probas, unde doces quod Ecclesiæ Catholicæ universalem & antiquam fidem dimittere debeam? Statim ille* scriptum est enim, *& continuò mille testimonia, mille exempla, mille autoritates parat de Lege, de Psalmis, de Apostolis, de Prophetis, quibus novo & malo more interpretatis ex arce Catholica in hæreseos baratrum infelix anima præcipitetur. Jam verò illis quæ sequuntur promissionibus miro modo incautos homines hæretici decipere consueverant. Audent etenim polliceri & docere quod in Ecclesia sua, id est in communionis suæ conventiculo magna & specialis ac plane personalis quædam sit Dei gratia, adeo ut sine ullo labore, sine ullo studio,*

studio, sine ulla industria, etiamsi nec quærant, nec petant, nec pulsent quicunque illi ad numerum suum pertinent tamen ita divinitus dispensentur, & angelicis evecti manibus, id est Angelica protectione servati, nunquam possint offendere ad lapidem pedem suum, id est nunquam scandalizentur.

J'estois dans le dessein, Monsieur, de nier absolument, que Vincent de Lerins parlât en ce lieu-là de S. Augustin, qu'il traitte ouvertement d'heretique, outrant même ses sentimens par des consequences ridicules qu'il en tire. Mais on me fit observer que ce n'estoit plus Vossius ni aucun Arminien qui donnât ce sens aux paroles de Vincent, mais le Pere Noris le plus savant & le plus zelé defenseur de la doctrine de S. Augustin que nous ayons de nostre temps. Il encherit même dans son Histoire Pelagienne sur ce que Vossius avoit avancé là dessus dans la sienne; de sorte qu'il n'y a plus lieu d'en douter. J'eus donc recours à nostre response ordinaire, savoir que ce Vincent a esté un semi-Pelagien ennemy de la grace de Jesus-Christ. C'est une plaisante heresie, me repliqua-t-on, que le semi-Pelagianisme: sur ce pied-là toute l'Eglise a esté semi-Pelagienne & ennemie de la grace de Jesus-Christ avant S. Augustin. Cela estant, que deviendra la belle maxime du Pere Lupus qui n'est pas moins Augustinien que le Pere Noris? Ce docte Religieux ne pouvant souffrir de certains Theologiens qui ont osé assurer que les mysteres de la Religion n'ont pas esté si connus aux anciens Peres qu'ils l'ont esté depuis, leur demande par quel canal la connoissance de ces mysteres est venuë jusques à nous, si ce n'est par le moyen d'une tradition non interrompuë & fondée sur de bons actes depuis les Apostres jusques à ces derniers temps, *Quis enim admittat fidei nostræ mysteria antiquis Ecclesiæ Patribus fuisse minus explorata? explorata illorum notitia si apud Patres non fuit, è quo cœlo est ad nos delapsa? Nos ista non scimus nisi per legitimæ successionis tradi-*

tionem & firmissimam hanc veritatis regulam, ea omnia & sola credenda sunt quæ à nostris majoribus, illi à suis, hi ab Apostolis, Apostoli à Christo, Christus autem accepit à Deo.

S'il ne faut croire, disent ces Theologiens du tiers party, que ce que nous tenons de nos ancestres qui l'ont apris par une succession de Docteurs qui remonte jusques aux Apostres, même jusques à Jesus-Christ, que les Jansenistes nous fassent voir cette succession dans la doctrine de S. Augustin sur les matieres de la grace, de la predestination & du libre arbitre; & alors nous y donnerons les mains. S'ils ne le font point, ils ne doivent pas trouver mauvais que nous preferions le sentiment de toute l'antiquité à l'autorité d'un seul Evêque, qui a commencé le premier à expliquer l'Ecriture d'une maniere tout à fait nouvelle, &, comme parle Vincent de Lerins, *novo & malo more.* Ce n'est pas qu'ils approuvent en toutes choses cet Auteur, car ils disent que le sentiment de S. Augustin n'ayant esté condamné par aucun Concile, il ne devoit pas si facilement le traitter d'heretique. C'estoit assez de dire qu'il estoit nouveau & contraire à la tradition.

Cela ne s'accorde gueres, Monsieur, avec ce que vous avez avancé dans un de vos écrits adressé aux
en 1655. Theologiens de la faculté de Paris, qui venoient de condamner en corps une de vos propositions comme temeraire, scandaleuse, & injurieuse au saint Siege & aux Evêques de France, *Temerariam, scandalosam, injuriosam summis Pontificibus & Episcopis Galliæ.* Vous leur répondites alors judicieusement, que sur le fait de la grace vous vous estiez attaché principalement à S. Augustin, que vous n'avez pû considerer comme Augustin & Docteur particulier, mais comme un Pere qui a esté preferé par toute l'Eglise, sur tout par l'Eglise Romaine qui est la mere de toutes les autres, à tous les autres Peres, du consentement même des Peres, des Conciles & des Pa-

Papes, *Ubi de divina gratia agitur inter cæteros Patres* Augustino potissimum *adhærescere didici, ac ne ipsi quidem ut Augustinus ac privatus Doctor, sed ut ab Ecclesia universa & præsertim à Romana omnium matre, & principe, in hoc argumento cæteris omnibus Patribus, perpetua Patrum, Conciliorum ac Pontificum consensione prælatus est.*

J'ay lû, dit un de ces Theologiens du tiers party, contre lequel je m'estois servi de vostre réponse, quelque chose de semblable dans un livre de Monsr. Claude contre Monsr. Arnaud. Ce Ministre, qui n'estoit pas moins habile que luy dans l'art d'imposer à ses lecteurs, employe cette expression pour faire mieux valoir l'autorité de S. Augustin qu'il croyoit luy estre favorable, *S. Augustin Evêque d'Hippone, ou pour mieux dire Evêque de toute la terre.* Rep. au 2. Trait. de la Perpet. ch. 10.

Venons au fait, ajoûta-t-il, le Docteur Arnaud qui n'avoit apparemment lû alors que son S. Augustin dont il estoit rempli commence sa tradition par ce Pere sans remonter plus haut: ce qu'on ne peut pas apeller veritablement tradition, puis que la veritable tradition tire son origine de Jesus-Christ & de ses Apostres. Peut-on de plus raisonnablement nommer l'Eglise Romaine du temps de S. Augustin toute l'Eglise, *Ecclesia universa?* Des Conciles particuliers dont les Canons ne sont composez que des propres paroles de S. Augustin, & dont les disciples estoient l'ame peuvent-ils servir de preuve contre toute la tradition? Enfin les Papes de nostre temps qui ont condamné Jansenius, lequel n'a enseigné selon les Jansenistes, que la pure doctrine de ce Pere, sont-ils moins Papes que ces anciens qui ont approuvé sa doctrine? Il en faut, dit ce tiers party, toûjours revenir à la maxime de Monsr. Arnaud qui a remarqué sagement, qu'en matiere de faits, quand on a les pieces en main, on ne doit point s'en rapporter à l'autorité des Papes & des Conciles qui sont faillibles en cela, mais à l'inspection des pieces. Or, si l'on juge de de la doctrine de S. Augustin par ses Oeuvres qui nous restent, il est manifestement contraire à toute l'antiquité sur les matieres de la grace. La confiance avec laquelle il a assuré ce qu'il avançoit a pû imposer aux Papes, qui n'avoient point examiné ces faits. Il ne paroît pas avoir eu luy-même la capacité qui estoit necessaire pour les examiner à fond, puis qu'il n'a pû consulter les Peres Grecs qui ne font pas moins une partie de l'Eglise, que les Latins, & qu'il n'a eû même qu'une connoissance tres mediocre des derniers, comme il est aisé de le justifier par ses propres ouvrages. C'estoit assez qu'on luy eût donné quelques extraits d'Auteurs qu'il n'avoit point lûs pour s'en servir lors que l'occasion s'en presenteroit. Il a cité sur ce pied-là un certain Hilaire schismatique Luciferien sous le nom de S. Hilaire, & un autre de la même secte nommé Gregoire sous le nom de S. Gregoire de Nazianze. Il a mis au rang des Ecrivains orthodoxes Theodore d'Heraclée qui a esté de la faction Arienne.

Je n'aurois jamais fait, Monsieur, si je voulois vous rapporter en détail toutes les raisons que ces gens du tiers party produisent pour montrer que S. Augustin n'a pas eu toutes les qualitez necessaires à un parfait Theologien qui doit chercher la Religion dans l'antiquité, & non pas dans les idées qu'il se forme. Mais apres tout ils reconnoissent que c'estoit un grand homme, & que l'Eglise luy a l'obligation d'avoir terrassé le party de Pelage. S'il n'avoit pas, disent-ils, esté plus avant on trouveroit encore aujourd'huy une parfaite conformité entre tous les Peres tant Grecs que Latins sur les matieres de la grace; au lieu qu'ayant inventé un systeme particulier sur ces matieres, il a donné occasion à de grands differens qui ont troublé l'Eglise de temps en temps. Ils croyent même que c'est luy qui a comme ouvert la porte à Luther & à Calvin & à quelques autres Sectaires. Un des plus emportez a osé publier dans Paris, que

que tous vos écrits sur la Grace & sur la Predestination ne tendent qu'à faire revivre le Calvinisme qui est abbatu, & qu'estant né Huguenot vous mourriez aussi Huguenot.

Je vous avoüe que m'estant trouvé dans une conversation où ces contes de Jesuite se debitoient serieusement, je ne pûs me retenir; mais un Ecclesiastique qui prit aussi-tost la parole me dit brusquement, Non, non, Monsieur, ce ne sont point des contes de Jesuite qu'on vous fait. Monsr. de Reucourt qui est un Gentilhomme d'une grande probité & qui est fils d'une Arnaude me l'a soûtenu en bonne compagnie. J'avois proposé à ce Gentilhomme qui a eu le malheur d'avoir esté élevé dans la Religion Calviniste, l'exemple de Monsr. Arnaud son parent qui est si bon Catholique. Vous ne savez pas, me répondit-il, que ce Docteur est Catholique politique, que son pere & ses trois oncles sont nés & morts Huguenots, & qu'il ne degenerera point. Je fus, ajoûta cet Ecclesiastique si étonné de cette réponse, qui pour voir s'il persisteroit je luy fis écrire quelques jours apres par un de ses amis, qu'il estoit surprenant qu'un homme de sa probité voulût appuyer les mensonges des Jesuites qu'il haïssoit mortellement. Voicy ce qu'il luy répondit, *Pour répondre à la vostre, Monsieur, il est necessaire de vous faire un petit détail ennuieux que je vous prie d'excuser. Messieurs Arnaud estoient quatre freres nés & morts Huguenots. Je n'ay vû que le Cadet dans ma jeunesse enterré à Charenton. L'aîné estoit Maître des Requestes dont est sorti Monsr. Dandilli, le Docteur Arnaud, & Monsr. l'Evêque d'Angers. Je ne sçais point à quel âge ils ont changé de Religion: mais Monsr. de Pompone sorti de Monsr. Dandilli est né Catholique; Le second des quatre est mort Maître de Camp des Carabins de France; Le troisiéme, Intendant des Finances, a laissé pour enfans Monsr. Arnaud Maître de Camp des Carabins de France à son tour, qui fut à vingt*

Lettre de Mr. de Reucourt en original.

vingt ans Gouverneur de Filisbourg & changea de Religion, & depuis Gouverneur de Dijon, Bellegarde, & St. Jean de Laune, & avoit pour sœur Madame de Feuquiere, & ma mere, mortes Huguenotes l'une & l'autre. Cette Lettre, Monsieur, dont on m'a remis l'original pour vous l'envoyer, demande absolument que vous produisiez vostre Baptistre; car ce ne sont plus les Jesuites vos ennemis qui vous reprochent d'estre né Huguenot. J'aurois beaucoup d'autres choses à vous écrire tant sur le projet de la Nouvelle Bibliotheque de nos Auteurs, que sur diverses matieres qui vous regardent; mais la personne qui a bien voulu se charger de ce petit paquet estant sur le point de partir, j'attendray une autre occasion. Je suis avec tout le respect possible,

MONSIEUR,

A Paris ce 28 Septembre 1691.

Vostre tres-humble & tres-obeïssant serviteur,

DE SAINTE FOY.

www.ingramcontent.com/pod-product-compliance
Lightning Source LLC
LaVergne TN
LVHW021635170726
843501LV00007B/2230

* 9 7 8 2 3 2 9 6 5 7 7 4 5 *